VENTE

du Mercredi 21 Novembre 1900

HOTEL DROUOT, salle n° 8

à 2 heures

ESTAMPES

anciennes et modernes

LIVRES ILLUSTRÉS

Mᵉ Maurice DELESTRE, Commissaire-Priseur

5, Rue St-Georges

M. Loys DELTEIL, artiste-graveur, expert

67, Rue Ste-Anne

VENTE

du Mercredi 21 Novembre 1900

HOTEL DROUOT, salle nº 8

à 2 heures

ESTAMPES

anciennes et modernes

LIVRES ILLUSTRÉS

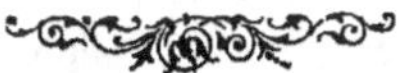

Mᵉ Maurice DELESTRE, Commissaire-Priseur
5, Rue St-Georges

M. Loys DELTEIL, artiste-graveur, expert
67, Rue Ste-Anne

CONDITIONS DE LA VENTE

Elle sera faite au comptant.

Les acquéreurs paieront *cinq pour cent* en sus des adjudications.

M. Loys Delteil, remplira les commissions que voudront bien lui confier les personnes ne pouvant y assister.

MM. les amateurs pourront visiter la collection 67, *Rue Ste-Anne, les 17, 19 et 20 Novembre de 10 h. à 4 heures.*

EXPLICATION DES ABRÉVIATIONS

B. ép.	Belle épreuve
Tr. b. ép.	Très belle épreuve
Sup. ép.	Superbe épreuve
M. ou m.	Marge
Gr. m.	Grande marge
T. m.	Toute marge
av^t. l. l.	avant la lettre
av^t. le n^o	avant le numéro
s. m.	sans marge
color.	colorié

DÉSIGNATION

ESTAMPES

Adam (Albert)

1 — Fille de l'Air — Consul — The Earl — Albion, chevaux vainqueurs des G^{ds} Prix de Paris, 1868, Chantilly 1869, et 1881, des Oacks, 1864. Quatre lith. in-fol. coloriées

Adresses

2 — Adresse de.....   Jolie pièce Tr. b. et rare épr. av^t t. l. Coll. de Goncourt.

Ardell (J. Mac)

3 — Garrick (David), d'apr. Liotard — *Mr Quin in the Character of Sr Iohn Falstaff.* — Fiamingo. Trois p. B. ép.

Bartolozzi (F.)

4 — Ariadne — Hébé 1782. Deux jolies petites p. ovales, d'apr. Cipriani. Tr. b. ép. av^t l. l. imp. en bistre gr. m.

Bellange (J.) de Nancy

5 — Sujets divers — Une Jardinière. Trois p. Tr. b. ép.

Berghem (Nicolas)

6 — La Vache qui pisse (B. 2). B. épr. av^t l'adresse de F. de Witt.

Bernard (L.)

7 — L'Adoration des Bergers, d'ap. Rembrandt. M.-noire in-f. B. ép. Très rare.

8 — La Bergère conduisant son troupeau. In-f. Tr. b. ép. du 1er état, avt l'adresse. Rare.

Besnard (A.)

9 — Les Baigneurs. Eau-forte. Tr. b. ép., signée,

Bevalet direxit

10 — *Discours du Roi* (Louis XVI), *Prononcé le 5 mai 1789....* dans un entourage d'ornements typographiques, 2 ovales ménagés en blanc paour recevoir les pts du Roi et de la Reine. Tr. b. et rare exempl. sur satin.

Boilvin (Émile)

11 — Vignettes pour Rabelais. Cinq p. Tr. b. ép. avt l. l. sur chine volant.

Bois anciens

12 — Sujets religieux et mythologiques. Cent-quarante p. par le petit Bernard, H. Burgkmair, Stimmer, L. Cranach Ce no sera divisé.

Bol (Ferdinand)

13 — L'Astrologue (Dutuit 8 2e état). Tr. b. ép. Rare.

14 — Portrait de femme, ovale (17 2e état). Tr. b. ép.

Bolswert (Schelte à)

15 — Pan jouant de la Flûte — Jupiter et la chèvre Amalthée. Deux p. in-fol., d'apr. J. Jordaens. Tr. b. ép. avt les nos, m.

Boucher (d'après F.)

16 — *De trois choses en ferez-vous une ?*, par Et. Fessard Tr. b. et rare ép. à l'eau-forte pure.

Bresdin (Rodolphe)

17 — Sainte Famille (A. Bouvenne 55). Tr. b. ép.

Buhot (Félix)

18 — La Tiare, offerte au Pape Léon XIII (G. Bourcard 173, 3e état). In-fol. Sup. ép. à t. m. Rare.

Callot (Jacques)

19 — Le Passage de la mer Rouge (M. 1). Deux p. dont une du 1er état. Rare.

20 — Le Parterre de Nancy (622, 2e état). B. ép.

21 — Les Supplices (665) Deux b. ép. une av^t la retouche.

22 — L'Avant-garde des Bohémiens (668). Sup. et tr. rare ép. du 1er état.

23 — Les deux grandes vues de Paris (753-714) Deux p. B. ép.

24 — Caprices — Personnages de la Comédie italienne. Vingt-huit p.

25 — Sujets divers. Quarante-six p. par et d'apr. Callot.

Cavaleris (J.B. de)

26 — Bataille de Lépante. In-fol. Rare.

Cochin (d'après C.N.)

27 — Favart (Mme), par Flipart. B. et fort rare ép. du 1er état, à l'eau-forte pure.

Coqueret (P.C.)

28 — *On doit à sa Patrie le sacrifice de ses plus chères affections*, d'ap. Dutailly. B. épr. imp. en couleurs, m.

29 — Pichegru, en pied, d'ap. Hilaire LeDru. In-f. B. ép. m.

Costumes

30 — Costumes militaires, par Parrocel — Costumes de Parade, par F. Chauveau. En tout seize p. B. ép.

31 — Armée Russe. Seize lith. par le Cte Pajol. Tr. b. ép. tirées avec teinte

Cousin (Jean)

32 — Philosophe tenant un volumen (R.D. 4). Tr. b. épr. d'une p. excessivement rare.

Cousin (attribué à Jean)

33 — Pyramide humaine formant une lettre de l'alphabet. Curieuse eau-forte signée d'un monogramme. B. épr. Très rare

Coypel (d'après Ch.)

34 — Compositions pour les Aventures de Don Quichotte. Vingt-quatre p. in-fol. par Cochin, Surugue, Ravenet, etc. B. ép. à gr. m.

Daumier (H.)

35 — Les Représentans représentés. Cinquante p.

Dé (le Maître au)

36 — Apollon faisant écorcher Marsyas, d'ap. Raphaël (B. 31). Tr. b. ép. du 1er état av^t toute adresse.

Debucourt (P.L.)

37 — La Course, d'apr. C. Vernet (M- Fenaille 156) In-fol. B. ép. à t. m.

38 — *Course de chevaux* ou *l'Arrivée*, d'apr. C. Vernet (225, 4e état). Gr. in-fol. B. ép. à t. m.

Demarteau (G.)

39 — Vanloo (Carle), d'apr. lui-même. In-fol. Tr. b. épr., imp. en sanguine, m.

Desboutin (M.)

40 — Maurer, musicien. Tr. b. ép. signée.

Desplaces (L.)

41 — Duclos (Mlle), rôle d'Ariadne. d'ap. Largillère (D.382) Tr. b. ép., doublée.

Detaille (Édouard)

42 — Cavalier bavarois. Lith. in-fol. Sup. et fort rare épr. sur chine avec les *croquis* en marge du sujet.

43 — Un Soldat du Génie. In-fol. Sup. ép. sur chine. Rare

44 — 104me Régiment d'Infanterie, Royal-Lorraine — 7e Rég^t de Cavalerie, Cuirassiers du Roi — 47e Rég^t Royal-Artillerie. Trois fac-simile d'aquarelles pour *l'Atlas des Guerres sous Louis XV*, du Cte Pajol — Programme illustré de l'inauguration du buste d'Offenbach — P^t de Femme, fac-similé d'ap. Ingres. En tout cinq p. Tr. b. ép.

Divers

45 — Sujets divers — Allégories — Vues. etc. Trente-trois p. anciennes. B. ép.

46 — Sujets divers. Vingt-deux p. des XVIe, XVII et XVIIIe siècles, par ou d'apr. Goltzius, Rembrandt, Visscher, Baudouin, etc.

47 — Scènes d'histoire et de Genre — Vues et Paysages, etc. Cinquante p. anciennes, in-4 et in-fol.

Drevet fils (Pierre)

48 — Dubois (Cardinal), d'apr. H. Rigaud (D. 15) Tr. b. ép. m.

49 — Fourcy (B. H. de), d'apr. P. Rigaud (50). Sup. ép. du 3e état, gr. m.

50 — Louis XIV, en pied, d'ap. H. Rigaud (53). B. ép. doublée et remmargée. Coll. du duc de Valençay. Encadrée.

51 — Louis XV, en pied, d'ap. Rigaud (58). B. ép. doublée et remmargée. Encadrée, même collection.

52 — Louis XIV à mi-corps, d'ap. H. Rigaud (53). Ep. avec la date : 1704.

53 — Colbert (J.N.). d'ap. Rigaud (33) — Mitantier d'apr. Largillière (95) — Noailles (L.A. de) d'ap. Rigaud (101). Trois p. in-fol. B. ép.

Duez (Ernest)

54 — A l'Atelier — Scène de Plage — Fleurs. Quatre p. B. ép. d'artiste, deux signées.

Dyck (par et d'après Ant. van)

55 — Dyck (Ant. van) — Breughel (P.) — Cornelissen — Jean Malder — Snyders — Portraits de Femmes. Huit p. Ep. anc.

Édelinck (Gérard)

56 — Charles Perrault — Claude Perrault. Deux p. B. ép.

57 — Silvestre (Israël), d'apr. Le Brun (319 3e état). Tr. b. ép.

École Française

58 — Apollon et Daphné — Jupiter et Léda — L'Amour et Pysché — Vertumme et Pomone — Achille plongé dans Styx. Cinq p. par J. Adam. Tardieu. Desplaces, d'apr. A. Coypel, N. Fouché. B. ép. m.

Eisen (d'après Ch.)

59 — Le Matin — Le Soir. Deux p. par de Longueil. B. et très rares ép. à l'état d'eau-forte pure, m.

Fantin-Latour (Henri)

60 — Vénus Anadyomène (G. H. 144). Sup. ép. sur chine.

Fragonard (d'après H.)

61 — *On ne s'avise jamais de tout*, par Patas. Tr. b. et
rare ép. à l'état d'eau-forte pure, m.

François (J.)

62 — Le Galant Militaire, d'ap. Terburg. In-f. B. ép. av^t l. l.

Fumés

63 — Fumés pour Viollet-le-Duc — Fumés pour un Roman
Environ 340 p. sur chine volant.

Gaillard (R.)

64 — Potier de Gesvres (E. R.), d'apr. P. Battoni. In-fol.
Tr. b. ép.

Gaillard (C.F.)

65 — St Sébastien. Sup. ép. av^t l. l. sur parchemin.

Gaucher (Ch. E.)

66 — Couronnement de Voltaire sur le Théâtre Français,
d'après Moreau le jeune. Tr. b. et fort rare ép. du 1^ea état
à l'eau-forte pure, avec le buste de Voltaire, *jeune*.

Gellée (Claude)

67 — Le passage du gué (R.D. 3-2e état) — La Tempête (5)
— L'Enlèvement d'Europe (22-4_e état) — Le Pâtre et la
Bergère (25). Quatre p. B. ép.

68 — Berger et bergère conversant (21-2e état, rare) —
Scène de Brigands (12-6e état) — Le Pont de bois (14) —
Le Campo-Vaccirro (23 av^t dernier état) — La danse
villageoise (24) Cinq p.

Greuze (d'après J.B.)

69 — Le Tendre désir, par C. — La Marchande de Harengs
et pendant, par Mme Beauvarlet. Trois p. B. ép.

70 — La Malédiction paternelle — Le Fils puni — La Belle-
Mère — La Dame bienfaisante. Quatre p. gr. in-fol. par
Caillard, Le Vasseur et Massard. Epr. avec la *signature
manuscrite* des artistes.

Groux (Henry de)

71 — Wagner (Richard). In-fol, Sup. ép. sur japon, signée·

Hollar (Wenceslas)

72 — Intérieur de la Bourse de Londres, 1644. In-f. B. ép.

Jacquemart (Jules)

73 — Albert Jacquemart. Tr. b. ép. d'artiste.

Lancret (d'après N.)

74 — *Par une tendre chansonnette...* par C. N. Cochin
(E.B. 58). Tr. b. et rare ép. av^t l'adresse de Basset.

75 — *Quand vous voulés toucher....* par M. Hortemels.
(E.B.65). B. ép. du 2e état av^t l'adresse. Rare.

76 — *Trop indolent Tircis* .. par S. Silvestre (82) B. ép. m.

Lavreince (d'après N.)

77 — La Soubrette confidente, par G. Vidal (E.B. 61). Tr.
b. ép. m.

Legros (A.)

78 — Les Pestiférés de Rome — Le Mendiant et la mort.
Deux p. B. ép.

79 — Portrait d'homme. Sup. ép. sur japon.

Leleu (L.D.)

80 — Le Cortège de Napoléon 1er passant devant le Palais-
Royal, 1804. In-fol. Tr. b. ép. rare.

Le Roy (d'après)

81 — Jeune Femme et Amours. par L. Guibert. Ovale in-8.
Tr. b. ép. av^t l. l. impr. en bistre

Leu (Thomas de)

82 — Soissons (Ch. de Bourbon, comte de), Tr. b. ép.

Marillier (d'après C.P.)

83 — Titre pour les *Idylles de Léonard*, par Masquelier, 1781, Tr. b. et rare ép. à l'état d'eau-forte pure, gr. m.

Massard (Jean)

84 — Charles Ier et Henriette-Marie, son Épouse, d'apr. A. van Dyck. In-fol. B. ép. m.

Masson (Ant.)

85 — Brisacier (G. de), d'apr. N. Mignard (R.D.) — Dupuis (Pierre), d'apr. le même. Deux p. B. ép.

Méryon (Charles)

86 — Tombeau de Molière, cul-de-lampe de la publication sur Paris. Tr. b. ép.

Meyer (Melchior)

87 — Apollon écorchant Marsyas, 1581. Tr. b. ép. d'une p. fort rare.

Mignard (Pierre)

88 — Ste Scolastique, seule eau-forte du maître. Tr. b. ép.

Millet (Francisque)

89 — La Ville antique (R.D.3). B. ép. Tr. rare.

Monnet (d'après Cl.)

90 — Vénus et Adonis — Renaud et Armide. Deux p. in-fol. par G. Vidal. B. ép.

Moreau le jeune (d'après J.M.)

91 — La Rencontre au Bois de Boulogne, par H. Guttenberg. B. et rare ép. avt l. l. gr. m.

92 — Vignettes pour les Chansons de Laborde. Deux p. B. ép. av^t l. l.

93 — Portrait et Vignettes pour les Œuvres de Molière. (Edition de A. Renouard). Suite complète de trente p. Tr. b. ép. av^t l. l.

Morghen (Raphaël)

94 — Le Sommeil de l'Enfant-Jésus, d'apr. Rubens. In-fol. B. ép. gr. m.

Morin (Jean)

95 — Vitré (Ant.), d'apr. Ph. de Champaigne (R.D. 88). Sup. ép.

Nanteuil (Robert)

96 — Gillier (Melch. de) (R.D. 102). B. ép.

97 — Mesmes (Jean-Antoine de) (R.D. 192). Tr. b. épr. du 1er état avec la date de 1655.

98 — Scudéry (G. de) (R.D. 221, 1er étae) Tr. b. ép. gr. m.

ORNEMENTS

99 — Rinceaux — Vases ornés — Cartouches, etc. Seize p. par V. Spada, Monti. Du Cerceau. della Bella. B. ép.

Paris (Estampes relatives à)

100 — Vue générale du Louvre — Le Palais-Royal — Notre-Dame — Le Pont Notre-Dame. Cinq p. par Silvestre, Perelle, Aveline. B. ép.

Pater (J.B.)

101 — Campement de Soldats. Deux pl. différentes. B. ép. rares.

Portraits

102 — Louis XIV sous un dais — Louis XIV en buste. Deux p. par Bonnart ? et Larmessin. B. ép.

103 — Louis XV, Louis XVI, Marie-Antoinette et la Famille
Royale, Sept médaillons reliés par un faisceau de palmes
et de lauriers. In-fol. B. ép. imp. en bistre et en sanguine, sans marges.

104 — Hosdier (Jacques), par N. Pitau ? In-f. B. ép. sans
nom d'artiste.

105 — Coyzevox (Ant.), par J. Audran — Le Lorrain (R.),
par Le Bas. Deux p., la 1re avt t. l.

106 — Jouvenet (Jean) — Coustou (Guil.) — Le Lorrain
(Robert), Trois p. in-f. par Trouvain, Larmessin et J. N.
Tardieu. Tr. b. ép. m.

107 — Peintres : Boucher (Fr.) — Collin de Vermont —
Dietricy — Oudry (J. B.) — Vanloo (C.) — Vernet
(Joseph). Six p. in-f. par Carmona, Schmuzer, Tardieu,
Cathelin. Tr. b. ép. m.

108 — Des Jardins (M. Bogaert dit), par G. Edelinck —
Coypel (Ant.) et sa Fille, par G. Duchange — Seeman
(Enoch), par J. Faber — Mengs (R.), par J. Clarot. Quatre
p. in-f, B. ép.

109 — Fleury (Cal de), par Roy et Aveline — Fontenelle,
par B. Picart — Arioste, par Ficquet — de Charmois,
par L. Simonneau, etc. Sept p, B. ép. deux avt l. l.

110 — Charles IX — Henri III — Louis, duc de Bourgogne
— Tressan (le petit Bréviaire) — Besenval (J. V.). Cinq
p. par Th. de Leu, P. et Cl. Drevet.

111 — Bossuet (J. B.) — Ferdinand, évêque de Paderborn —
Hozier (Ch. d'). Trois p., par G. Edelinck. B. ép.

Prud'hon (d'après P. P.)

112 — La Loi, par Copia (E. de G. 69-1er état). B. ép.

Raffet (A.)

113 — Les Drapeaux, 1859 (H. G. 196 RRR). Tr. b. ép. sur
chine d'une p. tirée à quelques épreuves.

114 — Les Drapeaux, 1859, répétition de la pl. précédente
(197 RRR) avec les cravates de 2 drapeaux soulevées
par le vent. Tr. b. ép. sur chine, fort rare.

115 — Croquis pour l'amusement des Enfants, 1829 (H. G.
296-316) Suite de 20 p. incomplète des pl. 3, 5, 7, 9 à
11. B. ép. dans la couv. de publ.

116 —- Croisés en campagne — Marche de Croisés — Li-
bourne, 1849. — Novarre, 1849. Quatre p. Tr. b. épr.,
deux sur chine.

Raimondi et Aug. Vénitien

117 — Le Massacre des Innocents, d'apr. Raphaël, 2e pl.
sans *le chicot*. (B. 20). Epr. ancienne.

118 — La Peste, d'après Raphaël (B. 417). Tr. b. ép. av[t] les
adresses de Rossi, etc.

119 — L'Académie de Baccio Bandinelli, (B. 418) par Au-
gustin Vénitien, 1530. Deux b. ép. dont une rare d'un
1er état *non décrit*, av[t] l'inscription.

Redon (Odilon)

120 — Serpent-Auréole — La Sainte et le Chardon — Le
Sagittaire. Trois lith. in-fol. Sup. ép. sur chine. Rares.

Rembrandt van Ryr

121 — Joseph et la femme de Putiphar, B. ép.

122 — Œuvre de Rembrandt. Trois cents-quarante hélio-
gravures d'Amand-Durand, Tr. b. ép. sur japon.

Reynolds (d'après sir J.)

123 — Son Portrait, par J. Posselwhite. B. ép. gr. m.

Rousselet (Gilles)

124 — Buste de Louis XIV, frontispice pour : *Festiva ad
capita annulumque decursio, a rege Ludovico XIV.*
1670. In-f. Tr. b. ép.

Rubens et Jordaens (d'après)

125 — La Tête de St-Jean présentée à Hérodiade — Chûte
de St-Paul à Damas — St-Martin de Tours délivrant un
possédé. Trois p. in-fol. par Bolswert, Pontius, et P. de
Jode. B. ép.

Ryland (W. W.)

126 — Pièce allégorique sur la *Royal Academy*, de Londres instituée en 1768, d'apr. Cipriani. In-4 de forme ronde. Tr. b. ép. t. m.

Saint-Aubin (Gabriel de)

127 — Vignette pour la Tragédie de Tancrède (de B. 36). Tr. b. ép.

128 — Bivouac de Soldats sur une place publique. Petite eau-forte sans nom ni lettre, attr. à G. de St-Aubin. Tr. b. ép. gr. m. Rare.

Savart (P.)

129 — Boileau, d'apr. H. Rigaud, avec la 1re adresse — Fontenelle. Deux p. B. èp., la 1re remargée.

Schuppen (P. van)

130 — Arnauld. (La Mère Angélique), d'apr. Ph. de Champaigne (D. 2182). Tr. b. ép., m.

Sergent (A. F.)

131 — Necker, d'apr. Duplessis. Tr. b. ép. imp. en couleurs, gr. m.

Suyderhoef (Jonas)

132 — Hoornbeck (Jean), d'apr. F. Hals (W. 40) Sup. ép. du 2e état.

133 — Marie de Bourgogne, d'apr. Soutman (W. 52). Sup. ép. du 2e état.

Théatre

134 — *J. Punt, in the Cavacter van Achilles, 't Laaste Toneel des Vierden Bedryf*, gravé par lui-même, 1770 In-f. Tr. b. ép., gr. m.

135 — Vues de l'Incendie de la Comédie d'Amsterdam, le
. mai 1772, 5 pl. — Vue générale de l'ancienne comédie d'Amsterdam (scène et salle), 2 pl. — Don Quichotte
aux Noces de Gamache. En tout huit p. in-fol. par Vin-
keles, Frankendeal et Bogerts. Tr. b. ép.

Vernet (d'après C.)

136 — Etudes de Chevaux, par Levachez. Six p., coloriées,
rognées.

Vignettes

137 — Vignettes pour les Contes de Boccace, d'apr. Eisen,
Cochin et Gravelot (Edition de Londres, 1761). Quatre-
vingt-seize p. Tr. b. ép.

Visscher (Jean)

138 — Orange (Louise de Coligny, P^sse d'). Tr. b. ép. m.

139 — Verhelius, d'apr. P. Schick. Tr. b. ép. de la coll.
Didot.

Wandelaar (J.)

140 — Herman Bœrhave, professeur en médecine, à l'académie de Leyde. In-f. Tr. b. ép. av^t t. l. m. Rare.

Watteau (d'après Ant.)

141 — Son Portrait, par Fr. Boucher et par Crepy fils. Deux
p. Tr. b. ép. m.

142 — Arlequin, Pierrot et Scapin, par L. Surugue (E. de
G. 75). Tr. b. ép. gr. m.

143 — La Surprise, par B. Audran (167). Tr. b. ép. m.

144 — *Pour nous prouver que cette belle...* par L. Surugue (177). B. ép. m.

145 — *Voulez-vous triompher des Belles ?* par Thomassin
(179). Tr. b. ép. gr. m.

146 — Le Duo champêtre — Le Présent champêtre (298-299)
Deux p., faisant pendants, par Huquier Sup. ép. à t. m.
Rares.

N. B. La seconde pl., est appelée a tort : *Le Repos champêtre*, dans l'œuvre de Watteau, par E. de Goncourt.

Wille (J.G.)

147 — Portrait de J. G. Wille, par G. J. Muller, d'ap. Greuze Tr. b. ép. av^t t. l, m.

148 — Massé (J. B.), d'ap. Tocqué (Le Bl. 41). B. ép.

149 — Quesnay (Fr.), médecin, en pied, d'ap. Chevalier. (57). Tr. b. ép. m.

150 — Tencin (P. de), d'apr. Heilman (69). Tr. b. ép. gr. m.

151 — Le petit Physicien, d'apr. G. Netscher (112). — La petite Ecolière, d'ap. Schenau (115). Deux p. Tr. b. ép. m.

152 — Le Philosophe du temps passé (119). Sup. du 1er état av^t t. l. gr. m.

153 — Le Sapeur des Gardes Suisses (120). Sup. ép. du 1er état av^t t. l. gr. m.

AQUARELLE

Raffet (A.)

154 — Jeune femme Karaïm, 1837, aquarelle exécutée en juin 1840, pour le *Voyage en Russie*, pl. 42. Tr. b. aquarelle signée.

H. 255 L. 198.

Dessins

155 — **BELLA** (Stefano della) — Costumes militaires — Etudes de femmes, etc. Vingt petits croquis à la plume, plusieurs de la coll. G. Vallardi

156 — **OUDRY** (Jean-Baptiste) Animaux divers et Oiseaux. Vingt-quatre feuillets de dessins exécutés d'après nature; au crayon noir avec rehauts de pastel. Intéressante réunion.

157 — Sujets divers et Paysages. Vingt-deux dessins anciens, la plupart français.

LIVRES ILLUSTRÉS

158 — **LES SENS**, poëme en six chants (par Du Rozoy), *A Londres*, 1776, avec figures d'Eisen et Wille fils — Bon exempl. rel. anc. — **LES SAISONS**, poëme (par Saint-Lambert), suivi de poësies fugitives *Amsterdam*, 1775, fig. de Moreau et Choffard, bel exempl. rel. anc. Ensemble 2 vol. in-8.

159 — **ROUSSEAU** (J.J.). Julie ou la Nouvelle Héloïse, *Londres*, 1774 — 2 vol. in-4. cart., portrait et 13 fig. de Moreau le jeune.

160 — **JEAUVAT** (Edme) Traité de perspective à l'usage des artistes, Paris, C. A. Jombert 1750 — 1 vol. in-4, dem.-rel., nombreux culs-de-lampes, par P. E. Babel.

161 — **BERTALL**. — Physiologie du goût, par Brillat Savarin, *Paris, G. de Gonet*, s. d. — Paris à table, *Paris*, par E. Briffault, J. Hetzel 1846 — Paul et Virginie, *Paris G. Havard*, 1845 — Vie de Polichinelle, par Oct. Feuillet, Paris, J. Hetzel, 1846 (exemp. abimé). En tout 4 vol. in-12 et in-8, dem. rel.

162 — **CHEVIGNÉ** (Cte de). Les Contes Rémois, il'. de Meissonier, *Paris, Michel Lévy* 1858. Bon exemp'. cart. (court de marges).

163 — **LES FRANÇAIS PEINTS PAR EUX-MÊMES** — *Paris, L. Curmer*, 1841-1842. Huit vol. avec de nombreuses illustrations par Gavarni, Daumier, H. Monnier et autres. Bon exempl. cart. (quelques taches d'encre).

164 — **GAVARNI** — Le Diable à Paris, *Paris, J. Hetzel* 1845 — 1 vol., in-8, rel. d'édition. Bel exempl.

165 — Les Joyaux, texte par Méry — *Paris, G. de Gonet, Martinon et Vve Janet* — 1 vol., in-8, cart. Bel. exempl. *non rog.* avec les vignettes à *dentelles.*

166 — **GRANDVILLE** (J. J.,.). Un autre monde, Paris, H. Fournier, 1844 — Cent proverbes, *Paris, H. Fournier,* 1845 — Fables de La Fontaine, *Paris, H. Fournier,* 1848-49, 2 vol. — Petites misères de la vie humaine, *Paris, H. Fournier,* 1846 — Les Etoiles, *G. de Gonet* et *Martinon,* s. d. — Les Fleurs animées, Paris, *G. de Gonet,* s. d., 2 vol. En tout huit vol. rel. ou cart. Ce n° sera divisé.

167 — **JANIN** (Jules). La Bretagne, *Paris, Ernest Bourdin,*
s. d. — Les Petits bonheurs, illustrations de Gavarni,
Paris, Morizot 1857 — 2 vol. in-8. dem. rel.

168 — **NODIER** (Ch.) Contes, avec eaux-fortes de T. Johannot,
Paris, J. Hetzel, 1846 (piqûres d'humidité) — La Seine
et ses bords, vignettes de Marville et Foussereau, *Paris,*
1836 — 2 vol., in-8 et in-12, dem. rel.

169 — **SUE** (Eugène) — Les Mystères de Paris (nouvelle édition) — *Paris, Ch. Gosselin,* 1843-1844 — 2 vol gr.
in-8., cart.

170 — **ARIOSTE** — Roland furieux, *Paris, J. Mallet,* 1844
— **BALZAC** — Contes drôlatiques (ill. par G. Doré), *Paris,*
Ez bureaux de la Société générale de librairie, 1855.
— **SWIFT** — Voyages de Gulliver (ill. par Grandville),
Paris, Fournier, Furne, 1838, 2 vol. Ensemble 4 vol,
in-8, cart.

171 — **DIVERS.** Prévost, Manon Lescaut, ill. de T. Johannot,
Paris, Bourdin, s. d. — Sterne, Voyage Sentimental,
ill. de Johannot et Jacque, *Paris, Bourdin,* s. d. —
Ensemble, 2 vol in-8, dem. rel.

172 — **DIVERS.** Versailles ancien et moderne, par Alex. de
Laborde *Paris,* 1841 — Histoire de Napoléon, par
Laurent de l'Ardèche, ill. d'H. Vernet (incompl. des gr.
pl.) — *Paris, Dubochet,* 1840 — Paris-Londres, Keep-
sake français, 1838, *Paris, Delloye.* — La Grèce pitto-
resque et historique, par le Dr Wordsworth — Le Vicaire
de Wakefield — Richter-Album, Liepzig 1855, 2 vol. —
Ensemble huit vol., in-12 et in-8.

173 — L'Office de la Semaine sainte, Paris 1748. Reliure
ornée, aux armes de France.

174 — Sous ce numéro il sera vendu des estampes en lots
et quelques livres.

Imp. A. Charles, 26, Rue Rambuteau — Paris

www.ingramcontent.com/pod-product-compliance
Lightning Source LLC
LaVergne TN
LVHW021905180726
843502LV00008B/2897